HOURS with the MASTE]

BOOK 1 • GRADES 1 & 2

BOSWORTH EDITION

HOURS WITH THE MASTERS
By DOROTHY BRADLEY
CONTENTS

Minuet in F

This delightful little piece needs strict, graceful rhythm, with sweet clear-pointed playing. Learn the notes in groups according to hand positions, move neatly to each new group and see that the finger-tips are *prepared* to take hold of their keys. Individualise the beats, but do not make the staccato notes too short. See that the music moves forward to the end of each four-bar phrase. Attend to tone gradations. Taper the tone nicely on the last note of bars 4, 8, and similar places.

Menuet en Fa

Il faut à ce délicieux petit morceau un rythme strict et gracieux, avec un jeu doux et perlé. Apprendre les notes par groupes selon les positions des mains, passer nettement à chaque groupe nouveau, et faire en sorte que le bout des doigts soit *prêt* à attaquer les touches. Individualiser les levés, mais les notes détachées ne doivent pas être trop brèves. Faire en sorte que la musique se poursuive jusqu'à la fin de chaque phrase de quatre mesures. Tenir compte des nuances. Atténuer le son sur la dernière note des mesures 4 et 8 et aux endroits analogues.

MOZART
1756-1791

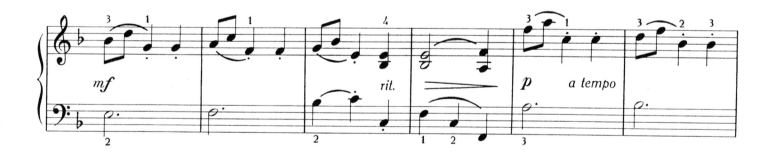

(a) Small hands may play only the *lower* notes of these chords   (a) Les petites mains peuvent ne jouer que les notes basses de ces accords.

Minuet in F

Be careful with the progression of the triplets in bar 1 and similar places, where the first note of each group forms a melodic phrase. See that these move forward to the stronger sound in the following bar. Take care that the R.H. notes in bars 5—8 and 15—18 enter *soon enough* after L.H. notes to form an even group, also in bars 9, 19, 21, that R.H. notes form with L.H. exact triplet figures. In these bars the tone should be brighter than in bars 1—2, etc.

Menuet en Fa

Attention à la progression des triolets à la première mesure et aux endroits analogues où la première note de chaque groupe forme une phrase mélodique. Faire en sorte que ceux-ci prennent une sonorité plus intense dans la mesure suivante. Veiller à ce que les notes de la main droite, dans les mesures 5—8 et 15—18 suivent *d'assez pres* les notes de la main gauche pour former un groupe ègal, de même dans les mesures 9, 19, 21 veiller à ce que les notes de la main droite forment avec celles de la main gauche des figures exactes de triolets. Dans ces mesures le ton doit être plus allègre que dans les mesures 1—2, etc.

MOZART (K.5.)

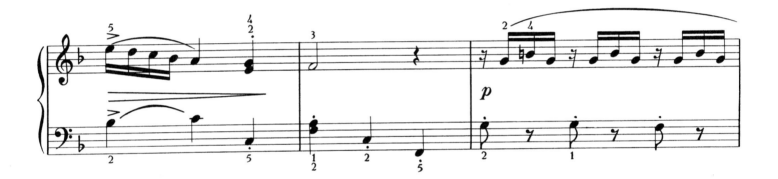

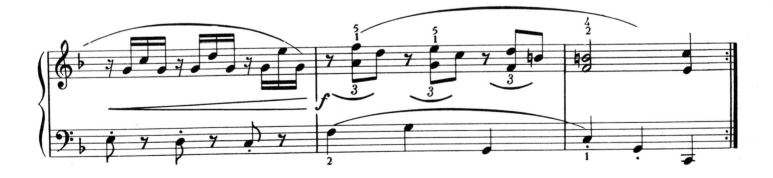

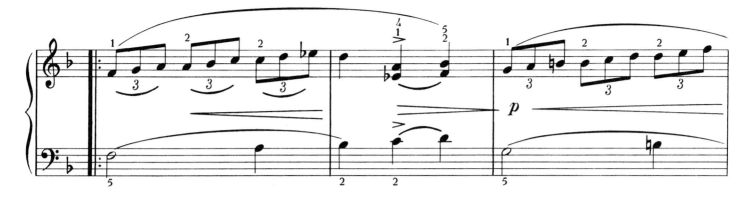

4

Melody

Play this with sweet singing tone and very smoothly. Make the rhythm flow gently to each phrase end. In L.H. part the first of each two quavers forms a melodic line; this should sing quietly along with R.H. See that notes of both hands sound exactly together by shaping the fingers over their keys before playing.

Mélodie

A jouer sur un ton suave et très doux. Faire couler le rythme lentement jusqu' à la fin de chaque phrase. Dans la partie de la main gauche, la première des groupes de deux croches forme une ligne mélodique, qui doit poursuivre son chant paisible avec la main droite. Faire en sorte que les notes des deux mains résonnent bien simultanément en pliant les doigts au-dessus des touches avant de jouer.

SCHUMANN, Op. 68, No. 1.
1810—1856

Humming Song

Make this sound peaceful. Let the phrases flow easily with beautifully graded tone. From bars 10—15 see that the lower R.H. notes are softer than the melody, and make sure that the melody notes are connected musically with each other. It will help if you let R.H. *lean* towards each melody note. Quavers at the end of bars 2, 6, 10, 18, must be quiet—they are not melody.

Chanson fredonnée

Lui donner un son paisible. Faire couler les phrases avec aisance sur un ton joliment nuancé. A partir des mesures 10—15, faire en sorte que les notes inférieures de la main droite soient plus douces que la mélodie et s'assurer que les notes de la mélodie aient entre elles une liaison musicale. On aura avantage à *pencher* la main droite vers chaque note de la mélodie. Les croches à la fin des mesures 2, 6, 10, 18 doivent être légères—elles ne font pas partie de la mélodie.

SCHUMANN, Op. 68, No. 3.

B. & Co. Ltd. 19571

6

A Little Study

Learn the chord groups of each bar so that the hands can adjust themselves easily over their new keys. Stress the first note of each R.H. group. Carry the musical thought forward through each four-bar phrase. See that the finger tips are firm enough to *carry through* for clean tone.

Petite étude

Apprendre les groupes d'accords de chaque mesure de façon à ce que les mains puissent se placer commodément au-dessus de leurs nouvelles touches. Appuyer la première note de chaque groupe joué par la main droite. Suivre la pensée musicale dans chaque phrase à quatre mesures. Faire en sorte que le bout des doigts soit assez ferme pour obtenir une exécution sur un ton pur. L'usage de la pédale est facultatif.

SCHUMANN, Op. 68, No. 14.

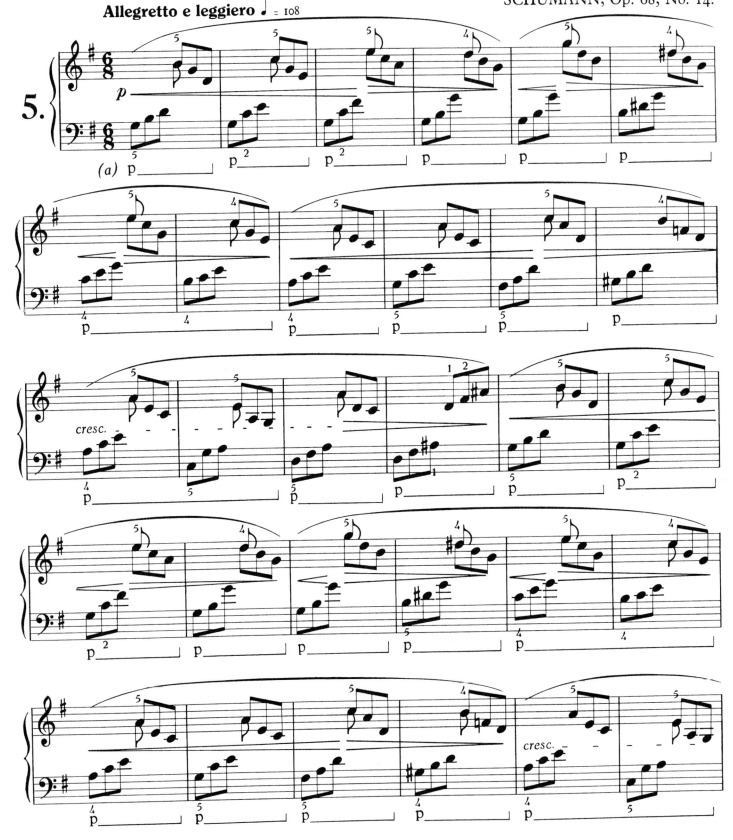

Use of the pedal is optional

B. & Co. Ltd. 19571

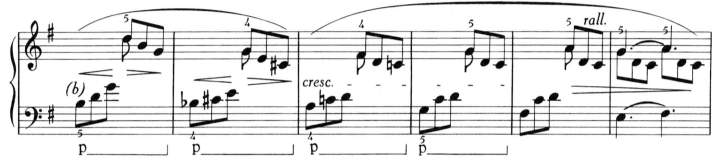

Variant *(a)* *(b)* *(c)*

B. & Co. Ltd. 19571

8

*)**Minuet in G**
(from the Anna Magdalena "Note-Book")

This needs bright tone, contrasts between legato and staccato, easy progressions to the accents—which must be nicely marked but *not too strong*, and attention to the melodic detail in L.H. From bar 17 there should be **a little more singing quality of tone.**

*)**Menuet en Sol**
(tire du "carnet" d'Anna-Magdalena)

Ce morceau exige une intonation brillante, dès contrastes entre legato et staccato, de faciles progressions vers les accentuations, qui doivent être agréablement marquées, mais *pas trop fortes*, et attention au **détail** de la mélodie à la main gauche. A partir de la mesure 17, il faudrait un ton un peu plus chanté.

BACH
1685-1750

*)In the "Note-Book" this Minuet is in the handwriting of Anna Magdalena
(a) The small note is played very rapidly, beginning on the beat

*) Dans le "carnet", ce menuet est de la main d'Anna-Magdalena.

(a) La petite note est jouée très rapidement, en commençant sur le levé.

B. & Co. Ltd. 19571

Minuet in A minor
(from the Anna Magdalena "Note-Book")

See that the staccato note with which some phrases begin is played lightly, and progression to the following accent is perfectly timed. Where accented tied crotchets cause syncopation do not let these disturb the usual accent in the other hand. Notice that L.H. imitates R.H. This style of writing is called *Canon*. Rhythm should be brisk, the touch beautifully neat.

Menuet en La mineur
(extrait du "carnet" d'Anna-Magdalena)

Faire en sorte que la note staccato par laquelle commencent certaines phrases, soit jouée légèrement et la progression vers la phrase suivante parfaitement rythmée. Là où deux noires accentuées et reliées forment une syncope, que celles-ci n'affectent pas l'accent usuel à l'autre main. Remarquer que la main gauche imite la main droite. Ce mode d'écriture s'appelle *Canon*. Il faut que le rythme soit vif, le doigté d'une belle clarté.

BACH

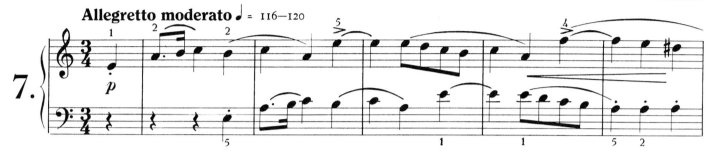

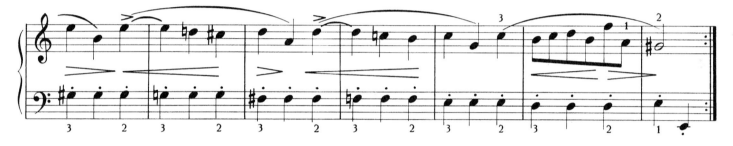

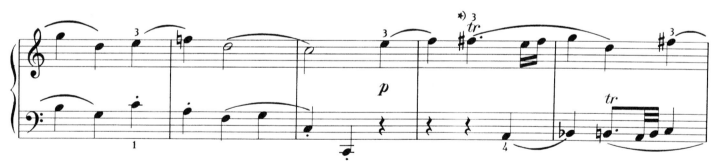

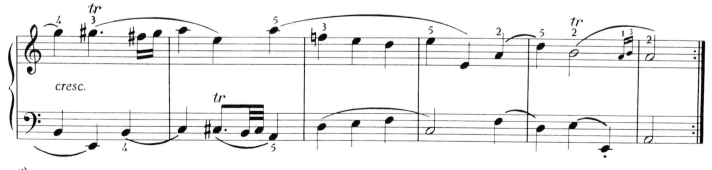

*) The trills begin *on* the beat

*) Les trilles commencent sur le levé.

B. & Co. Ltd. 19571

Rondo

This should give the effect of light-hearted graceful movement. The slurs are phrase marks. "Think" each phrase, and carry the musical line forward to these points, but, at the same time, attend to every detail of staccato, rests and smaller slurs *within* the phrase. Short slurs which occur sometimes between quavers 3—4 and 6—1 in the last twenty bars are legato signs; they do not disturb the accent. Keep L.H. accompaniment subdued, with clear accents but not *too* strong.

Rondeau

Ce morceau doit produire l'effet d'un mouvement gracieux et plein d'entrain. Les liaisons sont des signes de phrases. "Penser" chaque phrase, et poursuivre la ligne musicale jusqu'à ces points, mais, ce faisant, tenir compte de chaque détail de staccato, des pauses et petites liaisons *contenues dans* la phrase. Les liaisons brèves qu'on trouve parfois entre les croches 3—4 et 6—1, dans les vingt dernières mesures, sont des signes de legato; elles n'affectent pas l'accent. Conserver un accompagnement de la main gauche subordonné, avec des sons clairs, mais pas *trop* forts.

DIABELLI
1781-1858

B. & Co. Ltd. 19571

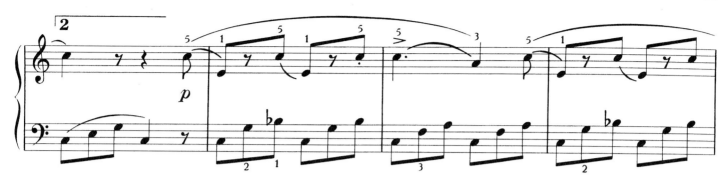

B. & Co. Ltd. 19571

12

Allegretto in C

Good finger and wrist action are needed for this piece. Keep the finger tips firm whether you are playing single notes with finger touch or chords with wrist touch. In this way you will be sure of clean direct tone. For the broken chord accompaniment in *second* part let the forearm be free to ensure easy movement from fifth finger to thumb side of the hand, but make the fingers stand up for themselves and do not "wobble".

Allegretto en Ut

Ce morceau exige un bon doigté et l'action du poignet. Maintenir le bout des doigts ferme, soit qu'on joue des notes avec les simples doigts, soit qu'on plaque des accords à l'aide du poignet. Par ce moyen, on sera sûr d'obtenir un son pur et clair. Pour les accompagnements d'accords brisés dans la seconde partie, laisser l'avant-bras libre pour assurer un mouvement facile de la main de l'auriculaire au pouce, mais faire en sorte que les doigts se suffisent à eux-mêmes et ne "tremblent" pas.

DIABELLI

B. & Co. Ltd. 19571

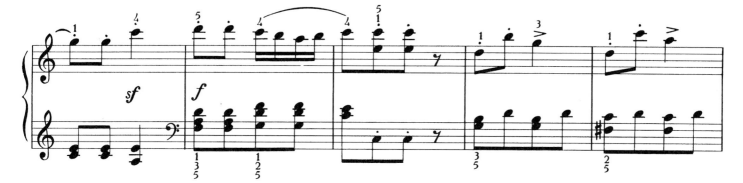

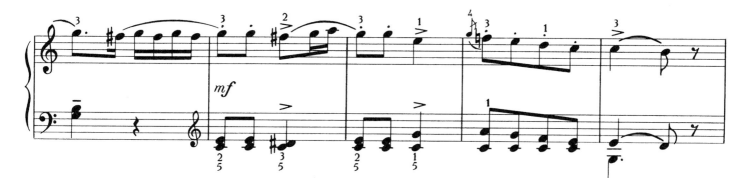

B. & Co. Ltd. 19571

14

Rondo
(from "Petites Morceaux")

Like the Diabelli *Rondo* this must be very rhythmical and
bright. The small note in bars 1, 3 and similar places must be
played very quickly. It begins on the beat and throws a strong
accent upon the principal note.

Rondeau
(extrait des "Petits morceaux")

Comme le *Rondeau* de Diabelli, celui-ci doit être plein de
rythme et d'entrain. La petite note aux mesures 1, 3 et aux autres
endroits analogues, doit être jouée très vite. Elle commence sur
une levée et jette un accent fort sur la note principale.

BERTINI
1798-1876

Allegretto ♩. = 88

10.

legato

(a) Small hands may play the low note only

(a) Les petites mains ne peuvent jouer que les notes basses.

B. & Co. Ltd. 19571

B. & Co. Ltd. 19571

16

Minuet in G

Like all *minuets* this must move with dainty stateliness, phrasing must be clearly defined, staccato notes neatly picked out and progression of the semiquavers to the *next* note carefully managed. Long slurs are phrase marks. Be careful to sustain the dotted minims for their full value while playing the crotchets with singing tone.

Menuet en Sol

Comme tous les *menuets*, celui-ci doit se dérouler à une allure majestueuse et imposante, les phrases doivent être définies clairement, les notes détachées ressortant nettement et la progression des doubles croches aménagée avec soin jusqu'à la note suivante. De longues liaisons marquent les phrases. Avoir soin de garder aux blanches pointées leur pleine valeur, en jouant les noires sur un ton chantant.

PURCELL
1658-1695

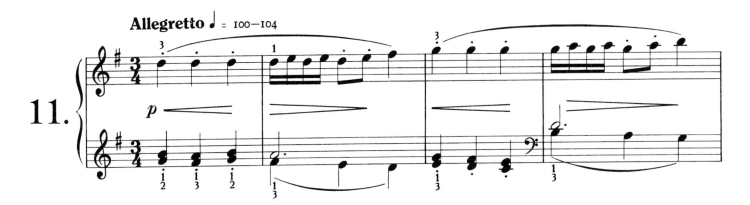

B. & Co. Ltd. 19571

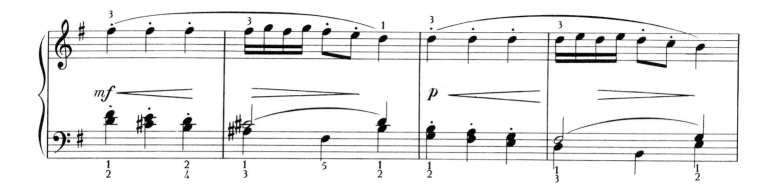

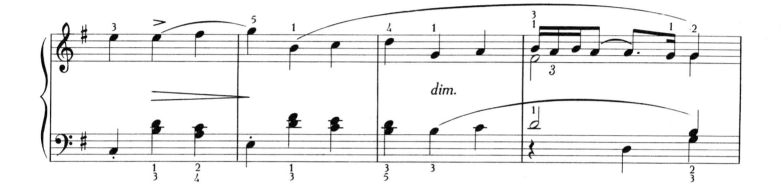

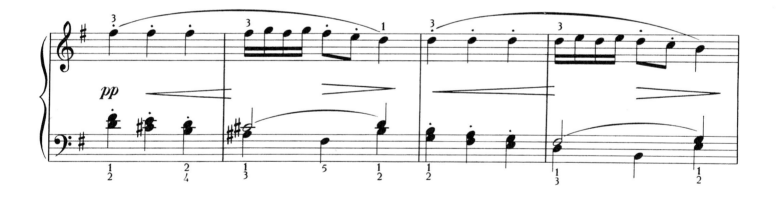

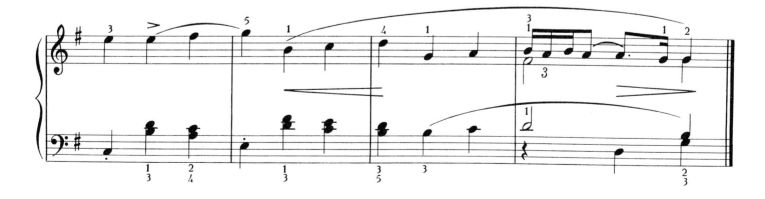

18

Rondo Militaire

This is a fine study in wrist staccato. See that the acting fingers are kept firm, so that hand movement carries them straight through to tone-making. Play with strong rhythmical impetus and really bright accents. Attend to tone contrasts and build up a vigorous crescendo to the *sf* chord in bar 31.

Rondeau militaire

Voici un bon exercice pour le staccato du poignet. Veiller à ce que les doigts en action soient maintenus fermes, pour que le mouvement de la main les porte jusqu'au bout du son. Jouer avec un élan rythmé et des accents très brillants. Tenir compte des nuances et arriver par un vigoureux crescendo jusqu'à l'accord *sf* de la 31e mesure.

PLEYEL
1757-1831

Allegretto moderato ♩. = 56—60

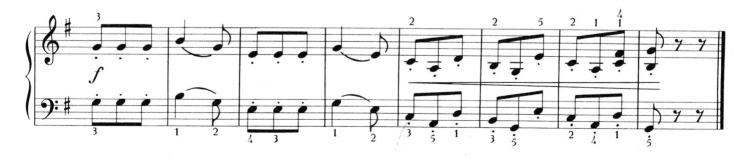

B. & Co. Ltd. 19571

Sonatina in C
(Last Movement)

Clean fingerwork required, especially in "turning corners". Keep a very steady rhythmic pulse through all the changes of time pattern. Especially be careful to enter neatly with R.H. on the third quaver beat in such places as bars 24 and 28. A quick and accurate sideway movement of the forearm should be practised to enable new positions to be found without stumbling. Bright, cheerful style throughout.

Sonatine en Ut
(dernier mouvement)

Ceci exige de l'exactitude dans le travail des doigts, particulièrement aux "coins tournants". Conserver un élan rythmique parfaitement régulier dans toutes les modifications du type de la mesure. Il faut prendre spécialement soin d'attaquer nettement avec la main droite sur le troisième levé en croche aux endroits tels que les mesures 24 et 28. Un mouvement latéral rapide et précis doit être pratiqué pour permettre de trouver de nouvelles positions sans trébucher. Style brillant et enjoué d'un bout à l'autre.

CLEMENTI, Op. 36, No. I.
1752-1832

B. & Co. Ltd. 19571

B. & Co. Ltd. 19571

Allegro in F

Tone control and matching are important features here. Where L.H. moves with R.H. see that the notes sound exactly together and that they are equal in tone. Staccato should be crisp. Do not make an exaggerated hand movement; think of a brisk *down* movement of the keys, then leave them free to rebound. Notice that each phrase and motive begins on the weak part of the bar. The slurs are signs of smooth progression, they do not upset the regular accent. Small hands may play the upper notes of octaves in last four bars.

Allegro en Fa

La maîtrise et l'adaptation des nuances sont ici des points importants. Là où la main gauche joue en même temps que la main droite, faire en sorte que les notes résonnent tout à fait simultanément, et qu'elles soient d'un son egal. Il faut qu'on distingue le staccato. Pas d'exagération dans le mouvement des mains. Penser à abaisser les touches d'un mouvement vif puis à les laisser remonter librement. Remarquer que chaque phrase et chaque motif commence sur la partie faible de la mesure. Les liaisons sont des signes de douce progression, qui ne dérangent pas l'accent régulier. Les petites mains peuvent jouer les notes supérieures des octaves dans les quatre dernières mesures.

HAYDN 1732-1809

B. & Co. Ltd. 19571

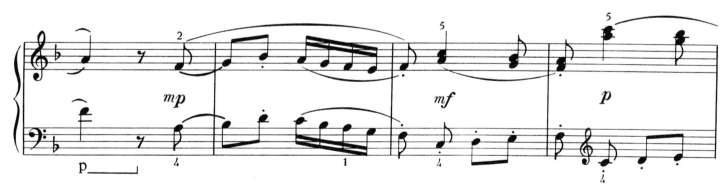

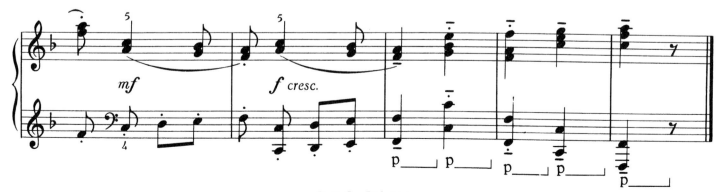

March in D

For preliminary slow practice this may be counted as four crotchets in the bar, but when known it should be felt as *two* rhythmic pulses, which gives the necessary joyous movement. Accents should be firm. Where the syncopated notes occur do not let them disturb the regular accent in the *other* part. There is a good deal of interest in L.H. part. Notice the *pattern* formed by these notes and give them definite character.

Marche en Ré

Pour une exécution préliminaire lente, on pourrait compter dans ce morceau quatre noires par mesure, mais, une fois su, il faut l'interpréter sur un rythme de deux battements, ce qui donne le mouvement joyeux nécessaire. Les accents doivent être vigoureux. Là où il y a, des notes syncopées ne pas les laisser déranger l'accent régulier dans l'autre partie. Le rôle de la main gauche a beaucoup d'intérêt. Remarquer le chant formé par ces notes, et leur donner un caractère défini.

BACH

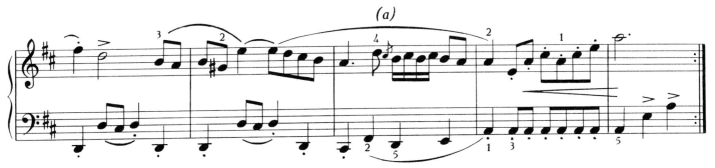

(a) Play the small note very rapidly exactly *on* the beat

(a) Jouer la petite note très rapidement juste sur la levée.

B. & Co. Ltd. 19571

March in C

This should have strong steady rhythm and a rather jaunty air. One strong accent in each bar, with buoyant forward movement of quavers into crotchets, will help to gain this effect. Attend to details of touch, but at the same time "think" and make the music move from accent to accent, not from beat to beat. The low notes in L.H. have a strong *foundation* feeling. Keep the fingers firm as the keys go down, so that the tone will be clean and the touch controlled. In playing the trill—last bar but one—dwell slightly on the quaver D, also give that note more tone than usual, and shorten the following C, so that it leads directly into the final note.

Marche en Ut

Il faut à celle-ci un rythme fort et constant et un air assez pimpant. Une seule accentuation par mesure, avec de l'élan et de l'animation dans le passage des croches aux noires, contribuera à obtenir cet effet. Tenir compte des détails de toucher, mais "penser" en même temps, et faire passer la musique d'un accent à l'autre et non pas d'un temps à l'autre. Les notes basses de la main gauche ont un sens *de base* intense. Maintenir les doigts fermes quand les touches s'abaissent, pour que le ton soit net et le toucher maîtrisé. En jouant le trille (avant-dernière mesure), tenir légèrement la croche Ré, donner aussi à cette note plus d'intensité que d'habitude, et abréger le Do suivant, en sorte qu'il conduise directement à la note finale.

PURCELL

25

Ländler in A

The *Ländler* is an old country dance in slow waltz rhythm. Many of the great masters have used this form as the basis of some of their compositions.

Prepare the fingers over their keys, with tips ready to take hold. Do not let the hand and arm move unnecessarily, but let a quiet neat action of R.H. and forearm take you to the higher notes—or wherever you want to be. L.H. must keep a steady *strong*, *weak*, *weak* pulse beating, with rather broader treatment of the first note in bars 27 to 31.

Ländler en La

Le Ländler est une vieille danse campagnarde à rythme de valse lente. Nombre de grands maîtres ont pris ce genre pour base de plusieurs de leurs compositions.

Préparer les doigts au-dessus des touches avec les bouts prêts à attaquer. Ne pas mouvoir la main et le bras sans nécessité, mais qu'un mouvement calme et net de la main droite et de l'avant-bras vous porte aux notes hautes—ou à ce que vous désirez atteindre. La main gauche doit conserver un battement constant *fort*, *faible*, *faible*, avec une accentuation plutôt marquée de la première note aux mesures 27 à 31.

STEIBELT
1756?-1823

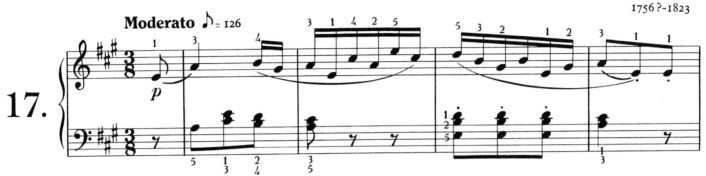

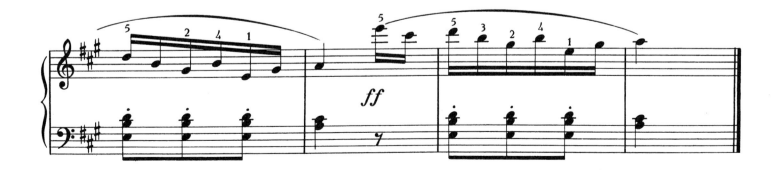

Rondo
(from Sonatina in F)

Keep this very rhythmical. To help this effect put a *very* slight accent on the first note of each beat in addition to the usual time accent. The four *trill* notes must be played with neat light finger touch, and must move directly into the next accent without break. Spread chords begin on the beat, the notes following each other quickly. In bar 71 begin L.H. and R.H. together, make a broad crescendo to the top of spread chord. Sustain the notes. Where notes are slurred in *twos* stress the first note and play the second lightly. Attend to details of touch. Let the staccato be crisp.

Rondeau
(extrait de la sonatine en Fa)

A exécuter d'une façon très rythmique. Pour contribuer à cet effet, accentuer *tres* légèrement la première note de chaque levé en plus de l'accent ordinaire du temps. Il faut jouer les quatre notes *a trilles* avec un doigté net et léger, et leur faire atteindre directement la note accentuée suivante sans interruption. Les accords arpégés commencent sur le temps, les notes se suivant rapidement les-unes les autres. A la 71e mesure, la main gauche et la main droite commencent ensemble, font un ample crescendo jusqu' au sommet de l'accord arpégé. Soutenir les notes. Là où les notes sont groupées par *deux*, appuyer sur la première note, et jouer la seconde légèrement. Tenir compte des détails de toucher. Il faut que le staccato soit bien distinct.

BEETHOVEN
1770-1827

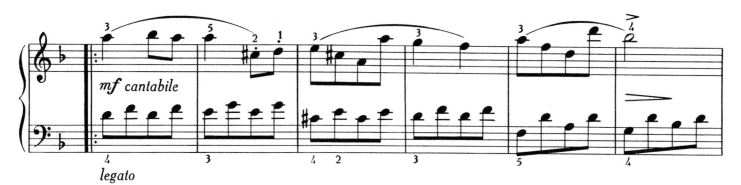

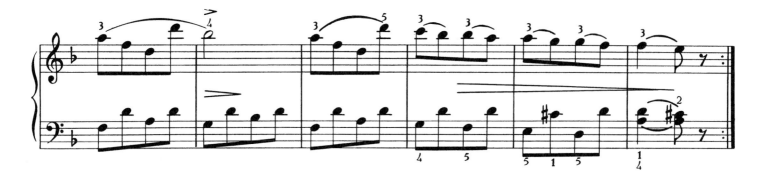

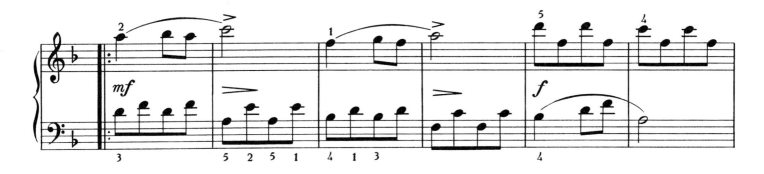

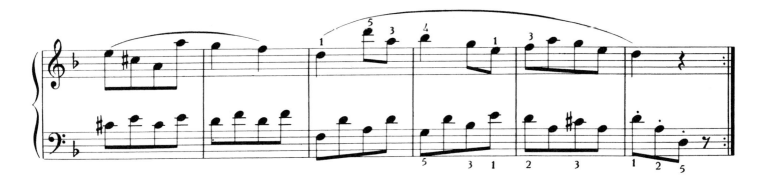

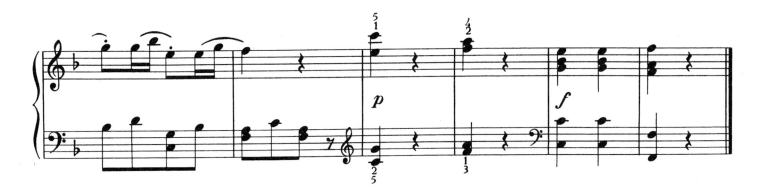

B. & Co. Ltd. 19571

Ecossaise in G

The *Ecossaise* is a bright country dance, supposed to be of Scottish origin, introduced into France towards the end of the eighteenth century. This little piece must be rhythmical and bright with a good accent on the first of each bar. Where syncopated notes occur—bars 2, 4, 6, etc., be sure to restore the normal accent in the next bar, also keep L.H. accent on the *first* beat.

Ecossaise en Sol

L'Ecossaise est une danse campagnarde pleine d'entrain, qu'on suppose être d'origine écossaise, et qui fut introduite en France vers la fin du dix-huitième siècle. Ce petit morceau doit être rythmique et plein d'entrain, avec un bon accent sur la première note de chaque mesure. Là où il y a des notes syncopées (mesures 2, 4, 6 etc.), ne pas manquer de rétablir l'accent normal dans la mesure suivante, maintenir également l'accent de la main gauche sur le *premier* temps.

BEETHOVEN

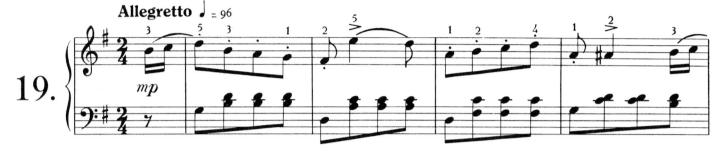

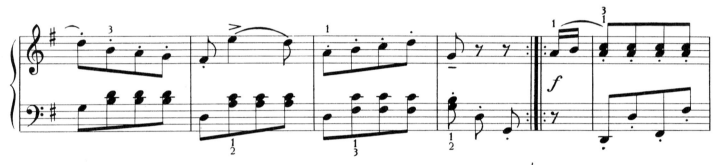

Le Petit Rien

This should be played lightly, with clean-cut rhythm. Take each second phrase figure (bars 3—4, 7—8, etc.) rather more broadly than the previous two bars. Play the staccato notes crisply and, for contrast, let all groups not marked *staccato* be smooth. Attend to phrasing.

Le petit rien

Jouer ce morceau légèrement, avec un rythme net et carré. Reproduire chaque figure, une phrase sur deux (mesures 3—4, 7—8 etc.) avec une ampleur plus grande que dans les deux mesures précédentes. Jouer les notes de staccato distinctement, et, par contre, tous les groupes ne portant pas la mention *staccato* doivent être doux. Tenir compte des phrases.

COUPERIN
1668-1733

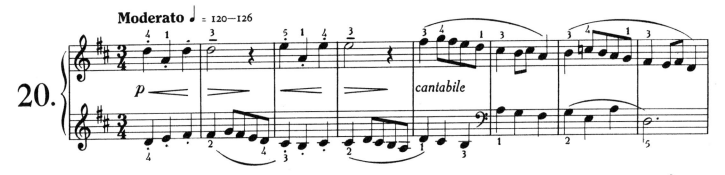

B. & Co. Ltd. 19571

34

Andante
(from Sonatina in F)

The melody needs good singing tone. Mezzo-staccato notes must be *just detached* and must lead to the following broader sound. Although the phrase is sometimes split up by rests, half-beats, touch variants and small slurred groups, the music must move forward to each complete musical thought. Keep the L.H. well under control. Let this part support the melody, but keep the tone subordinate excepting where there is special melodic interest—bars 13, 14, 18, 20, 21, 22 etc.

Andante
(extrait de la sonatine en Fa)

Il faut à cette mélodie un ton bien chantant. Les notes mezzo-staccato doivent être *juste detachees* et conduire au son plus ample qui suit. Quoique parfois la phrase soit interrompue par des poses, des demi-levés, des variantes de toucher, et des petits groupes liés, la musique doit chercher à exprimer intégralement chaque pensée musicale. Bien maîtriser la main gauche. Il faut que cette partie soutienne la mélodie, mais que le son soit secondaire, sauf là où il y a un intérêt mélodique spécial—mesures 13, 14, 18, 20, 21, 22, etc.

CLEMENTI, Op. 36, No. 4.

21.

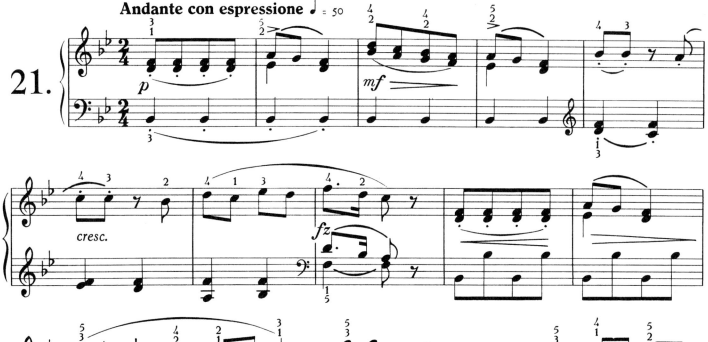

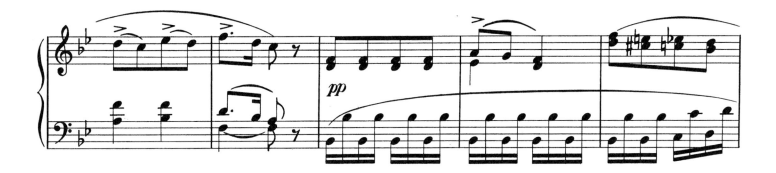

Sonatina in C
(First Movement)

This must be cheerful and vigorous, with careful tone contrasts and gradations. Good fingerwork is needed in the semiquaver passages. Make the fingers stand up for themselves so that they can take hold of the keys and, especially, turn the corners neatly. The grace notes are played very rapidly, beginning on the beat, throwing a strong accent upon the principle note.

Sonatine en Ut
(premier mouvement)

Il faut que ce morceau ait de la gaîté et de la vigueur, avec des contrastes et des nuances rendus soigneusement. Un bon travail des doigts est nécessaire dans les passages à doubles croches. Il faut que les doigts fonctionnent indépendamment les-uns des autres, pour qu' ils puissent frapper les touches, et surtout passer nettement d'une phrase à l'autre. Les notes d'enjolivement sont jouées très vite, elles commencent sur le temps, et jettent un accent fort sur la note principale.

CLEMENTI, Op. 36, No. 3.

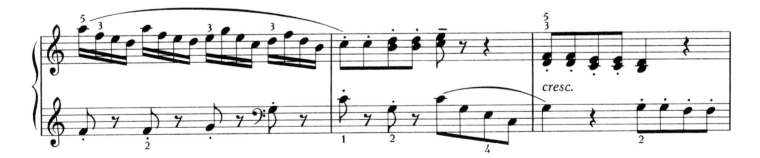

B. & Co. Ltd. 19571

B. & Co. Ltd. 19571

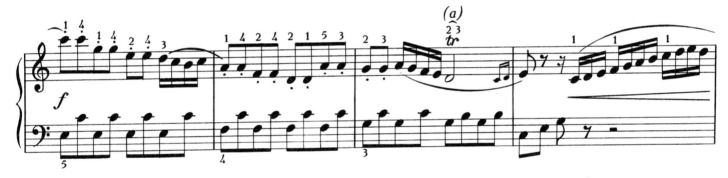

(a) See footnote page 37

B. & Co. Ltd. 19571

Allegro Vivace
(from Sonatina in C)

Another very rhythmical piece. The great point is to play the two semiquavers entering each phrase lightly, make them trip neatly to the accent, and move the whole passage forward to the strong note at the beginning of the fourth bar. See that all notes in the scale passages are clear. Do not rush them.

Allegro Vivace
(extrait de la sonatine en Ut)

Autre morceau très rythmique. L'essentiel est de jouer légèrement les deux doubles croches de chaque phrase, les faire passer nettement dans l'accent, et conduire tout le passage à la note forte, au commencement de la quatrième mesure. Faire en sorte que toutes les notes de passage de la gamme soient claires. Ne pas les jouer avec précipitation.

KUHLAU
1786-1832

B. & Co. Ltd. 19571

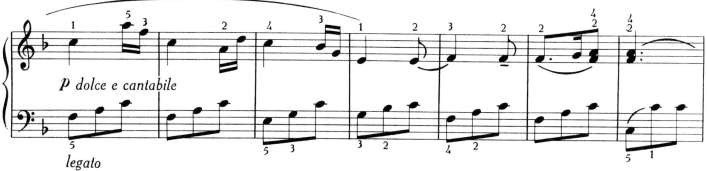

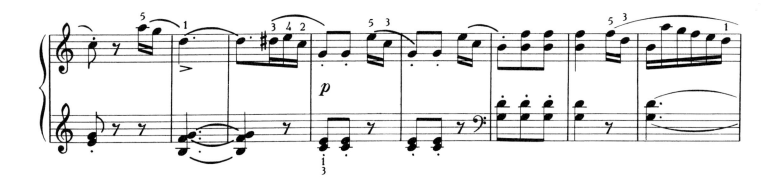

44

Siciliano

The *siciliano* is a kind of melody to which the Sicilian peasants are accustomed to dance. Its mood is that of rustic simplicity and lightness.

The long slurs are phrase marks. Attend to all smaller detail within these phrases. In the middle section, in $\frac{2}{4}$ time, keep the same speed for the crotchet beat as for the dotted crotchet of first theme.

Siciliano

La *Sicilienne* est un genre de mélodie au son de laquelle les paysans de Sicile ont coûtume de danser. Elle est d'humeur rustique, simple et légère. Les longues liaisons en caractérisent les phrases. Tenir compte de tous les détails de moindre importance contenus dans ces phrases. Dans la section du milieu en mesure à $\frac{2}{4}$, garder la même vitesse pour le temps en noire, que pour la noire pointée du premier thème.

SCHUMANN, Op. 68, No. 11.

B. & Co. Ltd. 19571

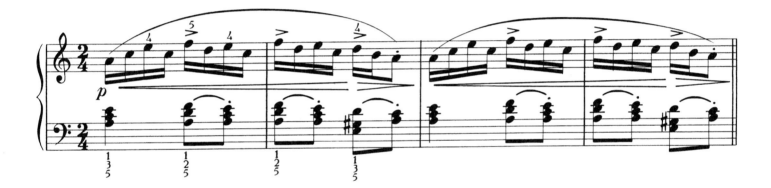

D.C. al Fine senza replica

B. & Co. Ltd. 19571

Berceuse
(Study in C)

Make the melody sing out and keep the accompaniment subdued. For *cantabile* touch use the softer part of the finger and keep close to the keys. In bars 4—8, and similar places, where melody is in the upper part of an interval, let the hand lean towards this note, but see that the finger is firm enough to "carry through". L.H. *legatissimo* must not merely be smooth, they must overlap, so that the *upper* notes form a melodic line.

Berceuse

Faire chanter la mélodie, et laisser l'accompagnement au second plan. Jouer le *cantabile* avec la partie molle du doigt qu'il faut maintenir tout prêt des touches. Dans les mesures 4—8 et endroits analogues, où la mélodie est à la partie supérieure d'un intervalle, laisser la main pencher vers cette note, mais faire en sorte que le doigt soit assez ferme pour "aller jusqu'au bout". Les *legatissimi* de la main gauche ne doivent pas simplement couler, il faut qu'ils débordent, afin que les notes *supérieures* forment une ligne mélodique.

HELLER, Op. 47, No. 19.
1814-1888

B. & Co. Ltd. 19571

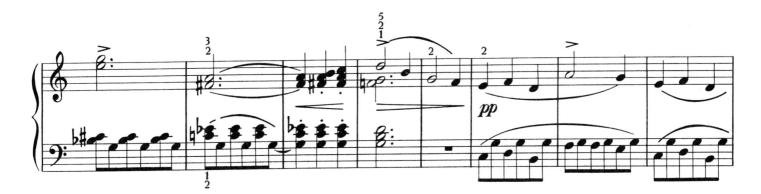

L'Harmonie des Anges

Light and continuous movement is needed for this, with tone beautifully graded. Where melody occurs in L.H. play with a sweetly singing quality of tone, at the same time keep the R.H. notes very light.

L'Harmonie des Anges

Ce morceau exige un mouvement léger et continu, avec de belles nuances, quand la mêlodie est dans le jeu de la main gauche, jouer avec une qualité de son chantante et douce, tout en conservant beaucoup de légèreté aux notes de la main droite.

BURGMULLER, Op. 100, No. 21.
1806-1874

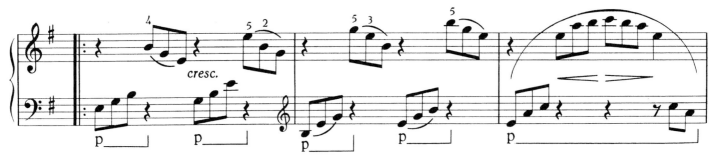

*) Pedal is optional

B. & Co. Ltd. 19571

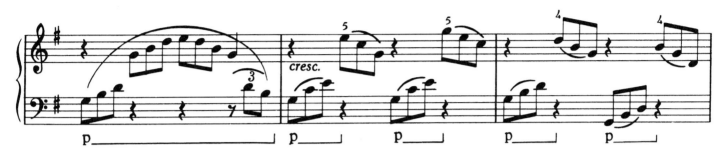

B. & Co. Ltd. 19571

Slumber Song

This is good practice for melody and accompaniment played
by the same hand. Let R.H. tilt in favour of the upper note and
play the lower note of each two much more softly. The rhythm
should flow gently without the slightest stiffness in the phrase line.
Let the tone die away at the end.

Berceuse

Voici un bon exercice de mélodie et d'accompagnement
joués par la même main. Laisser la main droite souligner les
notes supérieures, et jouer les notes inférieures de chacune des
deux parties beaucoup plus doucement. Le rythme doit s'écouler
lentement, sans la moindre raideur dans la ligne de la phrase.
Laisser le ton expirer à la fin.

L'usage de la pédale est facultatif.

GURLITT, Op. 224.
1820-1901

Moderato con espressione ♩ = 80

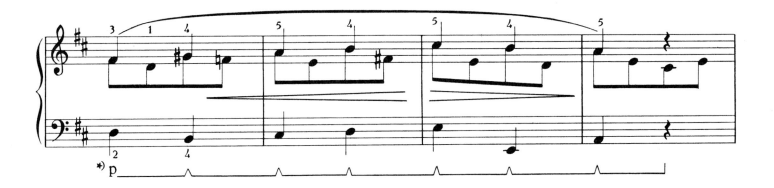

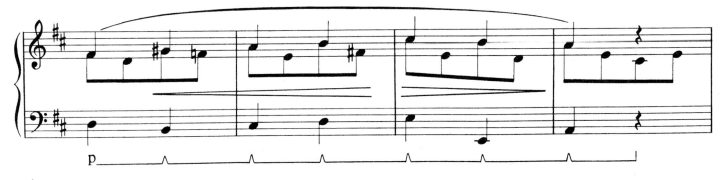

*) The use of the pedal is optional

B. & Co. Ltd. 19571

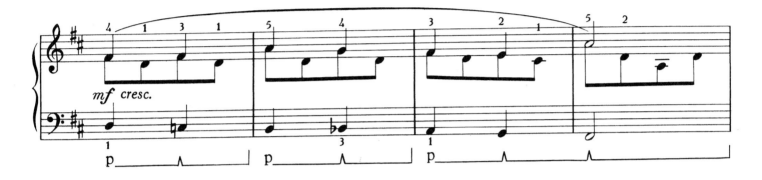

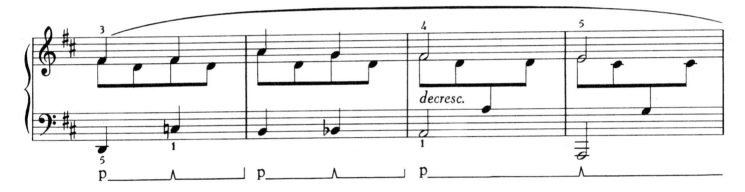

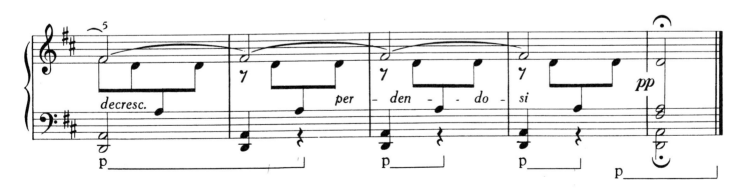

B. & Co. Ltd. 19571